图说非遗系列

大丁 小粑 / 著
大丁 / 绘

传统节日

传统节日

海天出版社
· 深 圳 ·

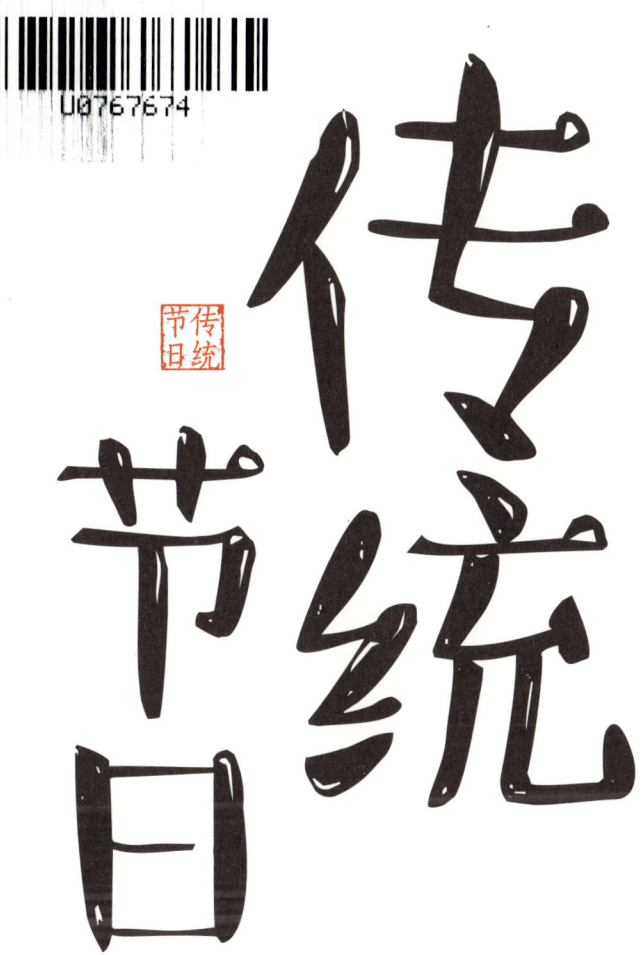

图书在版编目（CIP）数据

传统节日 / 大丁，小粑著 ； 大丁绘. — 深圳 ： 海天出版社，2020.7
（图说非遗系列）
ISBN 978-7-5507-2875-2

Ⅰ. ①传… Ⅱ. ①大… ②小… Ⅲ. ①节日－风俗习惯－中国－儿童读物 Ⅳ. ①K892.1-49

中国版本图书馆CIP数据核字(2020)第046710号

传统节日
CHUANTONG JIERI

出品人 聂雄前　　责任编辑 童 芳
责任校对 叶 果　　责任技编 郑 欢
装帧设计 知行格致

出版发行 海天出版社
地　　址 深圳市彩田南路海天综合大厦 （518033）
网　　址 www.htph.com.cn
订购电话 0755-83460239（邮购、团购）
设计制作 深圳市知行格致文化传播有限公司 Tel：0755-83464427
印　　刷 中华商务联合印刷（广东）有限公司
开　　本 787mm×1092mm 1/16
印　　张 3
字　　数 30千
版　　次 2020年7月第1版
印　　次 2020年7月第1次
印　　数 1—4000册
定　　价 35.00元

序

怎样把看似古旧的『非遗文化』鲜活地展现给孩子们呢？本系列丛书就是一座神奇的桥梁。

诙谐的漫画，恰到好处的幽默，使传承了千年的『老古董』跃然纸上。虽然是面向孩子的图书，但绘画者在细节刻画上仍一丝不苟，对制作工具的描画力求还原其本来的样貌，让这些可能爷爷辈才见过的物件生动地呈现在孩子面前。

这套书的文字也充满惊喜，不仅介绍了各类工艺的基本知识，还将老手艺背后的典故一一点出，让孩子能『知其然，知其所以然』。与其他少儿图书相比，这套书在说故事的时候体现出了罕见的严谨，给生僻字注音、对专有名词进行解释、附上参考古文，这些使得『追根溯源』不是停留在口头上，而是落到了实处。

中国山水画讲究留白，本书中部分漫画可以自己填色，这也算是一种留白吧！家长可以和孩子一起动手，也可以任由孩子天马行空。相信这是个双赢的尝试，让孩子的眼、耳、手同时发挥作用，既使读书变得更有趣，又使孩子对传统工艺的印象更加立体，也给传统工艺的发展种下了希望的种子。

手艺网、手艺工场创始人，中华手工杂志总编辑

白昆鹏

年

目录

第壹章 非年节

第贰章 过年

第壹章

非年节

我国民族众多，各地习俗也有差异，本书以汉族传统节日为主，按照基本节日习俗或大多数地区的人民认同的节日习俗进行介绍。

传统节日的日期通常依据农历确定或以二十四节气为参照物进行计算，因此部分节日无法明确具体日期，只能说明计算方式。

传统节日

农历二月初二，传说是龙抬头的日子，俗称“春龙节”，是中国民间传统节日。民间认为，龙是祥瑞之物，也是风雨的主宰。这一天，人们敬龙祈雨，祈盼神龙消灾赐福，保佑一年风调雨顺、五谷丰登。“龙抬头”是中国古代农耕文化对时令节气的反映，凝聚着勤劳、朴素的劳动人民对美好生活的向往。

俗话说：『二月二，龙抬头，大家小户使耕牛。』这表示春天来临，万物复苏，蛰龙开始活动，预示着一年的农事活动即将开始。

“龙抬头”这个名称来源于自然天象崇拜。中国古代常用二十八宿来表示日月星辰在天空的位置和判断季节。每到农历二月，黄昏时，“龙角星”（角宿一星和角宿二星）就从东方地平线处出现，这时整个苍龙的身子还隐没在地平线以下，只有角宿初露，故称“龙抬头”。

龙在中国人的心中有着极高的地位，人们普遍认为在“龙抬头”这一天理发，会使人福星高照、鸿运当头。在民间习俗中，给孩子理发叫作“剃喜头”，借“龙抬头”之吉，祈佑孩子健康成长，长大后出人头地；给大人理发叫作“剃龙头”，表示辞旧迎新，祈愿好运到来。

民谚说：『二月二剃龙头，一年都有精神头。』每逢农历二月初二，家家理发店都顾客盈门，生意兴隆。

花朝节，简称花朝，俗称“花神节”“百花生日”“花神生日”，是中国民间传统节日。花朝节由来已久，史界说法之一是起源于唐代。据传，道教女神魏夫人的弟子女夷掌管春夏万物生长，后人便尊称她为“花神”，并把花朝节附会成她的节日。花朝节的具体日期与气候、时令紧密相关，我国南北方气候条件不同，故花朝节的具体日期也不同：南方多以农历二月十二为花朝节，北方多以农历二月十五为花朝节。

晋人周处所撰的《风土记》一书中记载：『浙间风俗言春序正中，百花竞放，乃游赏之时，花朝月夕，世所常言。』所谓『春序正中』就是指农历二月十五。

花朝节当天，人们结伴到郊外游览，姑娘们剪五色彩纸粘在花枝上，称为“赏红”。部分地区还有装狮花、放花神灯等习俗。

寒食节，又称禁烟节、冷节等，时间是冬至后的第105天，大约在清明节的前一天。寒食节的主要习俗是严禁烟火、只吃冷食，相传该习俗起源于春秋时期。据史书记载，晋国公子重耳为躲避祸乱而流亡他国长达19年，介子推始终追随其左右，不离不弃，甚至割下自己大腿上的肉给重耳充饥。后来，重耳回国执政，励精图治，成为一代明君“晋文公”。

而介子推不求功名利禄，与母亲归隐绵山。晋文公为了迫其出山而下令放火烧山，介子推坚决不出山，最终被火焚烧而死。晋文公感念介子推的忠义、高洁，将其葬于绵山，建立祠堂，并下令在介子推死难之日禁火寒食，以寄哀思。

寒食节是中国传统节日中唯一以饮食习俗来命名的节日。

寒食节还有『百五节』的别称，这是因为寒食节在冬至后的第105天。宋代苏辙就有诗云：『昨日一百五，老稚俱食寒。』

寒食节的起源可追溯到远古时期人类的火崇拜。每到初春季节，气候干燥，人们保存的火种容易引起火灾，春雷也容易引起山火。古人便在这个季节举行隆重的祭祀活动，把上一年传下来的火种全部熄灭，即“禁火”，然后重新钻燧取新火，作为新一年生产与生活的起点，称为“改火”或“请新火”。禁火与改火通常会间隔几日进行，人们要在这段无火的时间里以提前准备好的食物（已冷）度日，即寒食。

寒食节绵延 2000 余年，曾被称为中国民间第一大祭日，如今已渐渐淡出人们的视野。

清代历法改革以前，寒食节定在清明节两日之前；改革后，寒食节定在清明节一日之前。

清明节，又称踏青节、祭祖节，既是节气，又是节日。按照阳历计算，清明节一般在 4 月 5 日前后，正是草木吐绿、春光明媚之时，也是人们踏青的好时节，有踏青、祭祖扫墓、放风筝、吃青团等民俗活动。

此时气温升高、雨量增多，非常适合春耕春种，故有“清明前后，种瓜种豆”“清明时节，麦长三节”等谚语。

2008 年，清明节被正式确立为国家法定节假日。

《历书》：『春分后十五日，斗指丁，为清明，时万物皆洁齐而清明，盖时当气清景明，万物皆显，因此得名。』

清明节大约始于周代，已有 2500 多年的历史。相传，清明节扫墓祭祖的习俗始于古代帝王将相的“墓祭”之礼，后来民间竟相仿效，于此日祭祖扫墓，经过历代沿袭，已成为一种固定习俗。直到今天，清明节祭拜祖先，悼念已逝亲人的习俗仍然盛行。

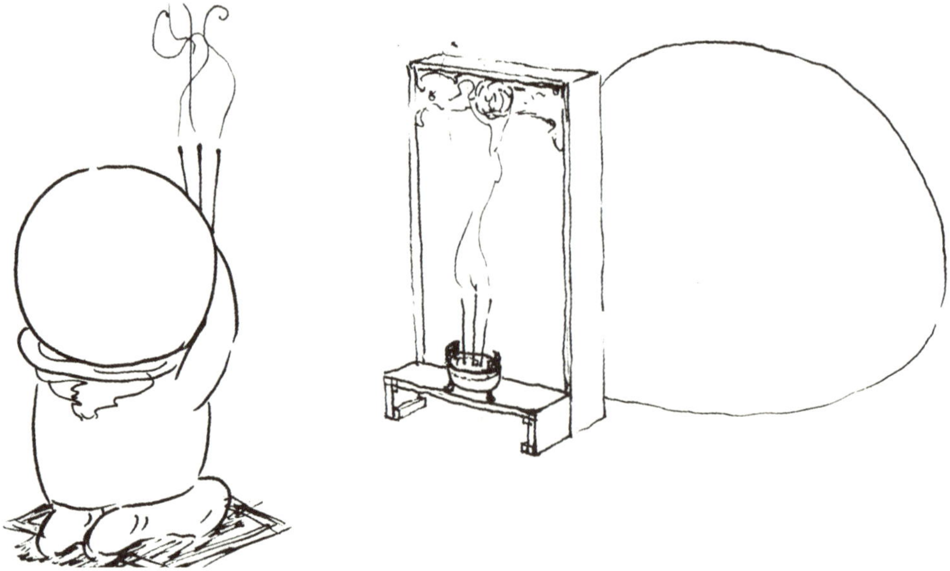

2006 年 5 月 20 日，清明节被列入第一批国家级非物质文化遗产名录。

端午节

端午节，又称端阳节、龙舟节等，时间是农历五月初五，是中国传统节日。端午节的起源有多种说法，大都认为是悼念投江自尽的楚国诗人屈原。据传，为了防止江中鱼虾吃掉屈原的身体，人们纷纷将米团投入江中，后来逐渐演变成了吃粽子的习俗。

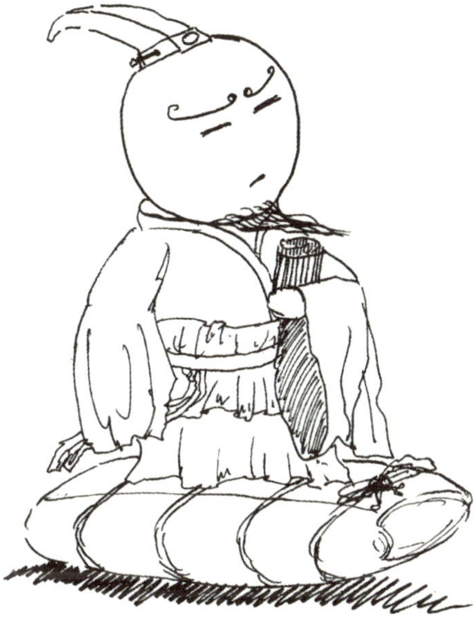

『端午』一词最早见于晋人周处所撰的风土记：『仲夏端午谓五月五日也。』古人以十二地支纪月，五月即午月，五月初五是午月的第五天，『午』与『五』同音，所以端午本名『端五』。

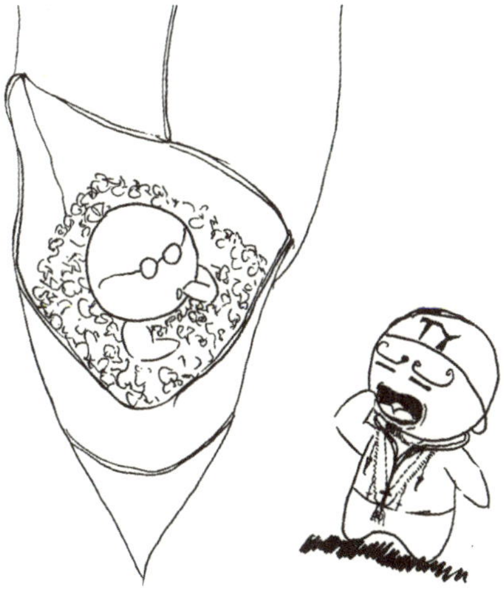

中国南北方吃粽子的习惯有所不同：南方以肉和咸蛋黄馅的咸粽为主，北方则以甜粽为主。

端午节是中国十分盛行的民俗大节，与春节、清明节、中秋节并称为中国四大传统节日。作为中国传统文化的重要组成部分，端午节的影响十分广泛，各地的习俗不尽相同，赛龙舟是其中最重要的习俗之一，在我国南方地区普遍存在。

2008 年，端午节被正式确立为国家法定节假日。

2006 年 5 月 20 日，端午节被列入第一批国家级非物质文化遗产名录；2009 年 9 月，端午节被列入世界非物质文化遗产名录，成为中国首个入选该名录的节日。

七夕节，又称乞巧节、女儿节等，时间是农历七月初七，是中国民间传统节日。相传，织女是一位聪明、美丽、善于纺织的仙女，每逢农历七月初七的夜晚，妇女们便在庭院中向她乞求智慧和巧艺，故又称乞巧节。后来历经发展，七夕节被赋予了“牛郎织女”的美丽传说，使其成为象征爱情的节日。七夕节这天，民间常有礼拜七姐、妇女穿针乞巧、祈祷福禄寿等习俗。

2006年5月20日，七夕节被列入第一批国家级非物质文化遗产名录。

中元节，又称祭祖节、鬼节，民间俗称“七月半”，在佛教中是盂兰盆节，时间是农历七月十五，是中国民间传统节日。中元节的起源可追溯至上古时代的民间祭祖，与除夕、清明节、重阳节并称为中国四大传统祭祖节。中元节是缅怀祖先、祭祀亡故亲人的日子，其核心文化是敬祖尽孝，习俗主要有祀亡魂、焚纸锭、放河灯等。

2011年5月23日，香港特别行政区申报的『中元节』入选第三批国家级非物质文化遗产名录，被列为民俗类非物质文化遗产。

中秋节，又称八月节、拜月节、团圆节等，是中国传统节日。大多数地区的中秋节是在农历八月十五，因恰值三秋之半，故而得名；个别地区的中秋节是在农历八月十六。

中秋节的起源可追溯至上古时代，汉代已有相关的文字记载。大约在唐代，中秋节正式成为官方认定的全国性节日。北宋时期，中秋节成为十分普遍的民俗节日。至明清时，中秋节成为与春节齐名的主要节日之一。受中华文化的影响，中秋节也是东亚和东南亚一些国家，尤其是当地华人、华侨的传统节日。

2008 年，中秋节被正式确立为国家法定节假日。

2006 年 5 月 20 日，中秋节被列入第一批国家级非物质文化遗产名录。

到了中秋节，人们祭月、赏月、拜月、吃月饼、赏桂花、饮桂花酒等，这些习俗自古流传至今，经久不息。中秋节以月之圆兆人之团圆，寄托思念故乡、思念亲人之情。《西湖游览志》中记载：“八月十五日谓之中秋，民间以月饼相遗，取团圆之义。”

『中秋』一词最早见于周礼。魏晋时，又有『谕尚书镇牛渚，中秋夕与左右微服泛江』的记载。

月饼，又称月团、丰收饼、团圆饼等，最初是用来祭拜月神的供品。据说，中秋吃月饼的习俗可以上溯到周代。古代帝王有春天祭日、秋天祭月的礼制，民间有拜月或祭月的习俗。后来，人们逐渐把中秋赏月与品尝月饼作为家人团圆的象征。慢慢地，月饼也就成了中秋节的必备礼品。

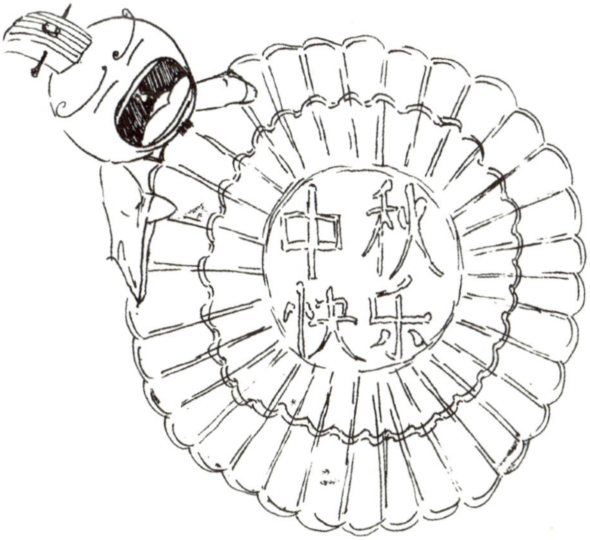

吴刚伐桂：据说月宫中有一个仙人，名叫吴刚，因在学仙时犯了错，被天帝责令砍伐月中桂树。桂树高五百丈（1600多米），砍伐的刀痕随砍随合，吴刚只好一直不停地砍。

玉兔捣药：民间流传较广的说法是嫦娥吃了不死药，身体变轻，开始升空时，在惶恐中抱起了一直喂养的白兔，白兔便随她一起上了月亮。月宫中有一根捣药杵，玉兔夜晚在药臼中捣制长生不老的灵药。

抬头仰望明月，可见月亮中有些黑影，这便是传说中的吴刚伐桂。吴刚伐桂的完整文字记载最早见于唐代，现在流传着多种不同的说法。

重阳节在农历九月初九，是中国民间传统节日。因节日时间的日与月皆为九，又称“重九”。民间有在这一日登高的习俗，所以又称“登高节”。此外，还有茱萸节、菊花节等说法。由于九月初九的“九九”谐音“久久”，有长久之意，所以人们常在此日祭祖、举行敬老活动。2012 年 12 月 28 日，法律明确规定每年农历九月初九为老年节。

重阳节的起源众说纷纭，楚辞中已有『重阳』二字，但节日活动初露端倪于汉代，唐代被正式定为民间节日。2006 年 5 月 20 日，重阳节被列入第一批国家级非物质文化遗产名录。

寒衣节，又称十月朝、祭祖节、冥阴节，民间俗称“鬼头日”，时间是农历十月初一。这一天，家家户户祭奠祖先，并烧纸衣、纸裤，意在给过世的亲人送衣御寒。这一天也标志着严冬的到来，是为心中挂念之人送御寒衣物的日子。

清代的帝京岁时纪胜记载了寒衣节的情形：『十月朔，孟冬时享宗庙，颁宪书，乃国之大典。士民家祭祖扫墓，如中元仪。晚夕缄书冥楮，加以五色彩帛作成冠带衣履，于门外奠而焚之，曰送寒衣。』

冬至，又称冬节、贺冬，既是节气，又是节日。按照阳历计算，冬至一般在12月22日前后。过去的冬至是个非常热闹的日子，民间有“冬至大如年”的说法。冬至的习俗因地域不同而有所差异：中国北方有冬至吃饺子的习俗，“冬至到，吃水饺”；南方有吃汤圆、吃年糕等习俗。

冬至这天，太阳光几乎直射南回归线，北半球的白昼最短，且越往北，白昼越短。

腊八节，俗称“腊八”，时间是腊月（农历十二月）初八，是中国民间传统节日。先秦时期，人们就在腊八这一天祭祀祖先和神灵、祈求丰收和吉祥。相传这一天也是佛教创始人释迦牟尼悟道成佛的日子，故又被称为“佛成道节”。

腊八节有喝腊八粥、腌腊八蒜的习俗。在河南等地，腊八粥又被称作“大家饭”，吃大家饭是为了纪念抗金将领岳飞而逐渐形成的一种节日习俗。

数九寒冬，岳飞率部抗金于朱仙镇，岳家军衣食不济，百姓纷纷送粥，岳家军饱餐『千家粥』后大胜。这一天正是腊月初八。岳飞去世以后，每到腊月初八，人们便煮杂粮豆果粥来纪念他。

第贰章

过年

春节是中华民族最隆重的传统节日，以除旧布新、迎禧接福、拜神祭祖、祈求丰年为主要内容，起源于上古时代岁首的祈年祭祀活动。古代早期以立春为岁首，后来多次变动，近代才完全确定下来。近现代人的春节准备活动一般从腊月末开始，腊月最后一天为除夕，正月（农历一月）初一为春节，正月十五是春节节日活动的最后一天。

传统节日

古代有一只叫作“年”（别称“岁”“夕”等）的怪兽，它每过一段时间就会到人们的聚居地一次。年兽长相怪异、十分凶猛，人们都非常怕它。

后来，人们慢慢掌握了年兽的活动规律，它大约每过 **365** 天，就窜到人群聚居地尝一次鲜，而且出现的时间都是在天黑以后。人们便把年兽来的这一夜视为关煞，将其称作“年关”。这天夜里，大家都不敢睡觉，挤坐在一起聊天壮胆。后来，逐渐形成了年关守岁的习俗。

慢慢地，人们发现年兽害怕红色、亮光和响声，于是就将红纸贴在门上，用火烧竹子的光和响声来驱赶年兽。

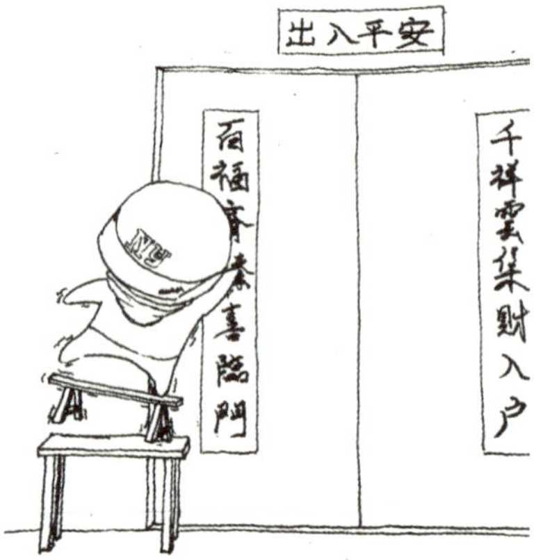

人们为了驱赶年兽而贴在门上的红纸后来变成了春联。春联也叫门对、春贴、对联、对子、桃符等，它以工整、简洁的文字描绘时代背景、抒发美好愿望等，是我国特有的文学形式。

用火烧竹子后来变成了放鞭炮。鞭炮是中国的特产，亦称爆仗、炮仗、爆竹，起源很早，已有 2000 多年的历史。放鞭炮可以营造出喜庆、热闹的气氛，过去是节日的一种娱乐活动。

据说，贴春联的习俗大约始于 1000 多年前的后蜀。此外，根据玉烛宝典、燕京岁时记等，春联的原始形式就是人们所说的『桃符』。

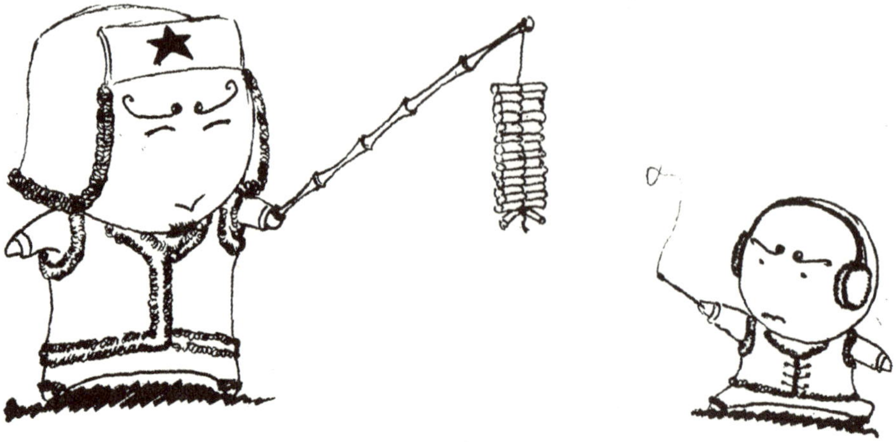

过年前夕，大多数人都会回到家乡，和家人团聚。因此，每年春节前后一段时间是中国交通最繁忙的时候。

这段时间的交通运输叫作春运，它被誉为人类历史上规模最大的周期性大迁徙。在40天左右的时间里，有20多亿人次的人口流动，约占世界人口的1/3，相当于全国人民进行两次大迁移。

中国春运入选世界纪录协会世界上最大的周期性运输高峰，创造了多项世界之最。

小年并非专指一个日子，由于各地风俗不同，被称为小年的日子也不尽相同：大部分地区的人称腊月二十三或腊月二十四的祭灶节为小年，也有不少地区的人称正月十五的元宵节为小年，还有地区的人把冬至叫作小年。大部分地区的小年即忙年的开始，意味着人们要开始准备年货、打扫卫生等。

在中国，祭灶是一种影响很大、流传极广的习俗。

传说灶王爷主管人间的饮食，每年腊月二十三，灶王爷要去天上向玉皇大帝汇报各家各户一年来的功过。因此，家家户户都做又甜又黏的糖瓜供奉，希望灶王爷吃了糖瓜后，嘴巴变得甜甜的，跟玉皇大帝多说好事。

二十四 扫房子

祭灶之后，人们便开始为过年做准备。每年从腊月二十三到除夕，民间把这段时间叫作迎春日，也叫扫尘日。扫尘就是年终大扫除，北方称扫房，南方叫掸尘。春节前扫尘是我国百姓素有的习俗。

『腊月二十四，掸尘扫房子』的习俗由来已久。据吕氏春秋记载，我国在尧舜时代就有春节扫尘的习俗。

按民间的说法，因“尘”与“陈”谐音，年终扫尘有“除陈布新”的含义，其用意是要把一切“穷运”、晦气通通扫出门。这种习俗寄托着人们破旧立新的愿望和辞旧迎新的祈求。

腊月二十五是迎接玉皇大帝的日子，传说这一天玉皇大帝要下凡微服私访，恰逢灶王爷去天宫述职未归，无法替人在玉皇大帝面前说好话。人们又怕玉皇大帝知道老百姓的日子过得好，再向他祈福就不灵验了，便用豆腐供奉玉皇大帝。

腊月二十六炖羊肉据说是因为在过去，“大鱼大肉”是年夜饭的最高境界。将提前炖好的羊肉热透了，端上年夜饭的餐桌，是对全家人一年辛劳的犒赏。

在腊月二十七杀鸡也是有讲究的。杀好的鸡，不能在当天吃，要一直放到除夕夜才能吃，而且除夕夜吃的时候不能吃完，要留下一点，取年年有余的寓意。

在没有发酵粉的年代，普通的面提前几天做好了容易坏，只有发面不容易坏，于是在腊月二十八，人们就开始发面，准备正月初一到初五的主食。旧俗认为，正月初一到初五不能做蒸（与“争”谐音）、炒（与“吵”谐音）、烙（与“落”谐音）等炊事。

过年期间，无论是供奉祖先，还是家人团聚，都是少不了酒的。过去，年前打壶酒便成了必须做的事。以前普通百姓大都到腊月底，才会挤出几个钱去打壶酒过年。

腊月三十（通常称为“大年三十”）就是除夕，又称大年夜、除夕夜等。除，去掉之意，引申为“易”“交替”等。夕指日暮，引申为“夜晚”。除夕便有“旧岁到此夕而除，明日即另换新岁”的意思。这一天是除旧布新、祭祀祖先、阖家团圆的日子，家家户户祭祖、贴春联、吃团圆饭等。晚上，人们一般会守岁，有“三十儿晚上熬一宿”的说法。

秦汉时期，每年将尽的时候，民间击鼓驱逐疫疠之鬼，称为『逐除』。后又称除夕的前一天为小除，即小年夜；除夕为大除，即大年夜。

正月初一是春节，也是新年的第一天。初一早晨，开门大吉，先放爆竹，叫作“开门炮仗”，爆竹声后，碎红满地，灿若云锦，称为“满堂红”。这时，满街瑞气，喜气洋洋。

春节时还有一种重要习俗，就是向亲朋好友和邻里祝贺新春，这种习俗旧称“拜年”，它是人们辞旧迎新、表达美好祝愿的一种方式。

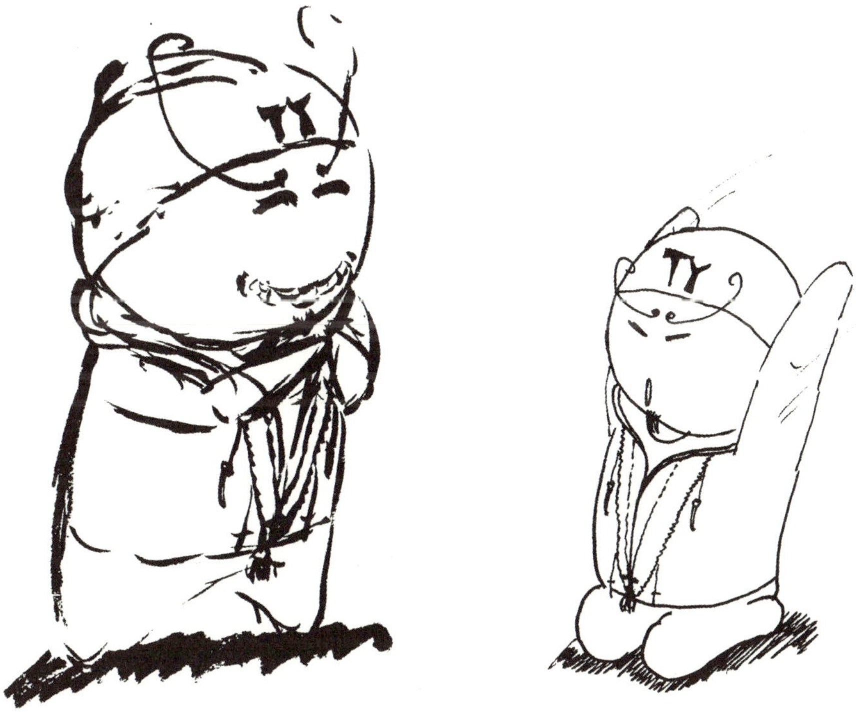

古时，拜年主要是指给长者拜年，包括向长者叩头施礼、祝贺新年如意、问候生活安好等。遇到同辈亲友，也要施礼道贺。

压岁钱，又称压祟钱，年节习俗之一，寓意辟邪驱鬼，保佑平安。压岁钱最初的用意是镇恶驱邪，因为人们认为小孩子容易受到邪祟的侵害，所以用压岁钱压祟驱邪，帮助小孩子平安过年，祝愿小孩子在新的一年健康成长、平平安安。

北宋神宗年间，某年春节，大臣王韶的小儿子南陔随大人在街头观灯游玩时，被歹人掳走。歹人携南陔逃跑过程中，正巧遇上朝廷的车子经过，南陔大声呼救，歹人放下南陔仓皇逃跑。宋神宗得知此事后，赐予南陔一些金钱，给他压惊。从此以后，过年给小孩子压岁钱的习俗便在民间流传开来。

拜年时，长辈要将事先准备好的压岁钱放进红包发给晚辈，因为“岁”与“祟”谐音，人们认为压岁钱可以压祟驱邪，晚辈得到压岁钱就可以平平安安度过一岁。

事实上，除夕年夜饭后，成年晚辈给长辈的才真正叫压岁钱，这里的“岁”指的是年岁，意在期盼老人长寿。

压岁钱历经发展，演变出了很多形式。如在广东一带，新年开工的第一天，很多公司有发放开年红包的习俗，公司里的老板要给员工发，结婚的人要给单身的人发。广东一带将这种开年红包称作利市，取“利事”之意。

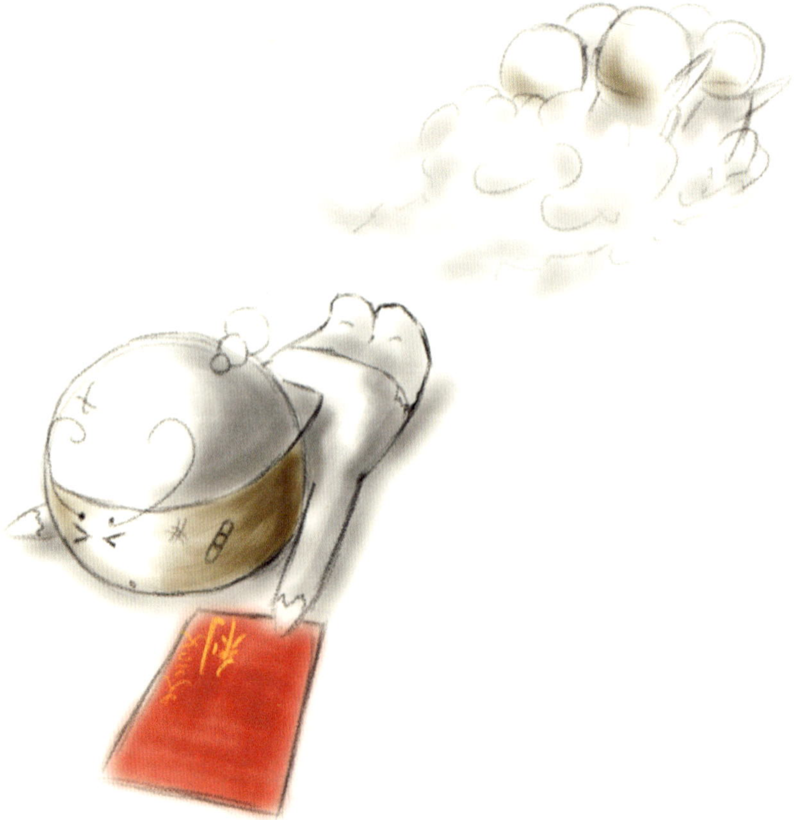

元宵节，又称上元节、元夕等，时间是正月十五，是新年开始后第一个重要的传统节日。元宵节的起源可以追溯到汉代，《太初历》中已将元宵节定为重大节日之一。到了唐代，元宵节盛况空前，有千家万户张灯结彩闹元宵的景象，灯会时间是元宵节及其前后各一日。宋代出现了专门的灯市，持续时间延长至五夜。明代的元宵节与春节紧密相连，正月初八便开始上灯，正月十七深夜才落灯。到了清代，宫廷不再举办灯会，民间灯会却依然壮观。

唐开元年间，长安的灯市规模很大，燃灯5万盏，花灯样式繁多；唐玄宗命人做巨型灯楼，广达20间，高约50米，金光璀璨，极为壮观。

除了灯会以外，元宵节时还要吃一些应节的食物。南北朝时的元宵节，人们一般吃拌和肉与动物油熬煮的豆粥或米粥；唐代的元宵节，人们大多吃面茧（蚕茧状面食）、焦䭔（烤饼）等；到了宋代，有盐豉汤和绿豆粉做的科斗羹，还出现了“圆子”。

今天，北方大多吃元宵，南方则吃汤圆。

2008年6月7日，元宵节被列入第二批国家级非物质文化遗产名录。

每年过完年后，大家便陆陆续续回到自己的工作岗位，很多人再次离开家乡，开始新一年的辛勤工作。